I0410288

ISBN : 9798863187235

Conception de la couverture par : Art Painter
Imprimé en France

Table des matières

Introduction

Dans les annales de l'histoire humaine, la notion de "victime" a constamment évolué. Autrefois silencieuses, parfois ignorées ou même ostracisées, les victimes de diverses injustices trouvent aujourd'hui une place plus centrale dans le discours sociétal. L'avènement des médias sociaux, l'évolution rapide des droits de l'homme, et une conscience collective accrue ont joué un rôle prépondérant dans cette transformation. Mais dans notre désir ardent de compenser les erreurs du passé, avons-nous franchi une frontière ? Sommes-nous passés d'une nécessaire reconnaissance à une sacralisation, voire une héroïsation systématique des victimes ?

Ce livre se propose d'explorer ce phénomène complexe et nuancé, en évaluant ses origines, ses implications, et les dangers potentiels d'une telle tendance. Il ne s'agit pas de nier l'importance de reconnaître la souffrance, mais de s'interroger sur la manière dont nous, en tant que société, abordons cette reconnaissance.

Les trois parties de cet ouvrage guideront le lecteur à travers une analyse approfondie de la sacralisation de la victime. De ses racines empreintes d'empathie, en passant par les implications parfois problématiques de l'héroïsation, jusqu'à la navigation délicate entre compassion et critique constructive, chaque chapitre offre une réflexion équilibrée sur les différents aspects de cette question.

En plongeant dans "La Victime Sacrée: Entre Empathie et Dérive Héroïque", nous invitons le lecteur à adopter une perspective éclairée et nuancée, à remettre en question les préconceptions, et à se joindre à nous dans cette exploration cruciale d'un sujet qui façonne profondément le discours moderne.

Partie I : Comprendre la Sacralisation de la Victime

Au cœur des civilisations humaines, de ses mythes fondateurs à ses légendes contemporaines, réside une constante : la narration. Les histoires que nous choisissons de raconter et celles que nous préférons omettre façonnent notre perception collective de la réalité. Parmi les multiples protagonistes qui peuplent ces récits, la figure de la victime a connu des fortunes diverses. Autrefois en périphérie, souvent négligée voire méprisée, elle semble aujourd'hui avoir migré vers le centre de la scène, captant lumière et sympathie. Comment en sommes-nous arrivés là ? Quelles sont les forces qui ont contribué à cette transformation ?

La première partie de cet ouvrage se penche sur ces questions fondamentales. En explorant les origines historiques et culturelles de la sacralisation des victimes, nous tenterons de discerner les éléments qui ont donné naissance à ce phénomène. À travers cette exploration, nous examinerons également comment l'empathie, en tant qu'émotion universelle, a joué un rôle déterminant dans cette évolution.

Préparez-vous à un voyage à travers le temps et la psyché humaine, à la découverte des racines profondes d'une tendance qui domine aujourd'hui notre société. D'où vient notre besoin viscéral de reconnaître la souffrance ? Comment les voix réprimées ont-elles finalement trouvé un écho ? Autant de questions qui nous guideront dans cette première partie, jetant les bases d'une compréhension plus approfondie des sections ultérieures de cet ouvrage.

Définition et Origines : Traçage des racines historiques et culturelles de la sacralisation des victimes.

La notion de "victime" a parcouru un long chemin au fil de l'histoire, et pour comprendre sa place prééminente dans le discours contemporain, il convient d'en examiner les origines.

Définition :
À sa base, une victime est une personne qui a subi un préjudice, une injustice ou une souffrance causée par autrui ou par des circonstances extérieures. Cette souffrance peut être physique, émotionnelle, morale ou psychologique. Historiquement, le terme "victime" vient du latin "victima", qui se réfère à une créature sacrifiée aux dieux. Cette origine révèle une dualité intrinsèque : la victime est à la fois sacrifiée et sacrée.

Racines historiques :

Depuis les sociétés antiques, la figure de la victime a toujours été présente. Dans les civilisations gréco-romaines, les tragédies mettaient souvent en scène des protagonistes aux prises avec le destin, victimes de forces supérieures. Les mythes abondent également d'individus sacrifiés pour le bien commun ou pour apaiser les dieux. Ces récits mettent en lumière une acceptation, voire une attente, de la souffrance et du sacrifice en tant que composantes essentielles de la condition humaine.

Influences culturelles :
Au fil des siècles, différentes cultures et religions ont façonné notre perception de la victime. Dans le christianisme, par exemple, le Christ est à la fois la victime sacrificielle et le sauveur, offrant un paradigme de souffrance sanctifiée. De nombreuses autres traditions religieuses et philosophiques intègrent également des notions de sacrifice, de renoncement ou de souffrance transcendée.

Au cours de l'ère moderne, avec l'avènement de mouvements pour les droits de l'homme et les révolutions sociales, le statut de victime a commencé à évoluer. Les récits de souffrance personnelle ont pris une dimension politique, les victimes devenant des symboles de résistance ou des catalyseurs de changement. Les médias, en particulier, ont joué un rôle crucial dans cette transformation, donnant une voix et une visibilité à ceux qui étaient auparavant marginalisés.

La sacralisation des victimes découle d'une riche structure de traditions historiques et culturelles. C'est une alchimie complexe de mythologie, de religion, de politique et de médias. Comprendre cette genèse nous permet de mieux saisir pourquoi, aujourd'hui, la figure de la victime occupe une place si centrale dans nos sociétés.

La Socle d'Empathie : Pourquoi notre société ressent-elle le besoin de reconnaître la souffrance ?

L'empathie, cette capacité à ressentir et à comprendre les émotions d'autrui, est considérée par beaucoup comme l'un des traits distinctifs de l'humanité. Elle forme le fondement de nos interactions sociales, guidant nos relations interpersonnelles et influençant nos décisions collectives. Mais pourquoi, en tant que société, avons-nous un besoin presque viscéral de reconnaître la souffrance des autres ?

Origines biologiques de l'empathie :
La science suggère que l'empathie a des racines profondément ancrées dans notre biologie. Certains chercheurs croient que des "neurones miroirs" dans le cerveau nous permettent de refléter et de comprendre les émotions des autres. Ces mécanismes neurologiques auraient évolué parce qu'ils favorisaient la coopération au sein des groupes primitifs, une clé de la survie dans des environnements hostiles.

L'évolution culturelle de l'empathie :
Au-delà de la biologie, l'empathie a été renforcée et cultivée par des normes et des valeurs culturelles. Les traditions spirituelles et philosophiques à travers le monde ont souvent placé la compassion et la sollicitude envers autrui au cœur de leurs enseignements. Qu'il s'agisse du précepte chrétien "Aime ton prochain comme toi-même" ou de la notion bouddhiste de "compassion universelle", l'empathie est valorisée et promue comme un idéal moral.

La reconnaissance de la souffrance comme liant social :
Reconnaître la souffrance des autres renforce les liens sociaux. Cela crée un sentiment d'appartenance et d'unité, car reconnaître la douleur d'une personne, c'est valider son humanité. Dans un monde où les injustices sont omniprésentes, la reconnaissance collective de la souffrance peut également servir de catalyseur à l'action sociale et au changement.

L'influence des médias :

L'ère moderne, avec ses médias omniprésents, a amplifié notre capacité à percevoir et à partager la souffrance. Les images poignantes et les histoires touchantes ont le pouvoir de mobiliser des sociétés entières autour de causes. Cette visibilité accrue a renforcé notre besoin collectif de répondre avec empathie aux récits de douleur et de misère.

La socle d'empathie sur laquelle repose notre besoin de reconnaître la souffrance est à la fois naturelle et culturellement construite. Elle est l'expression d'une humanité profonde et interconnectée, une réponse innée et apprise à la douleur d'autrui. Tout en étant une force puissante pour le bien, cette empathie collective doit être guidée et équilibrée pour éviter les pièges potentiels de la sacralisation excessive des victimes.

Voix Réprimées et Reconnaissance : L'impact du mouvement de droits civiques et des médias sociaux.

Les voix réprimées ont longtemps cherché un moyen de se faire entendre, de revendiquer leur place légitime dans le discours sociétal. Les mouvements de droits civiques et l'avènement des médias sociaux ont été deux phénomènes majeurs qui ont catalysé cette quête de reconnaissance. Ensemble, ils ont façonné notre paysage moderne de représentation et d'écoute.

Le mouvement des droits civiques : un tournant dans la reconnaissance des marginalisés

Né au milieu du 20ème siècle, le mouvement des droits civiques aux États-Unis a lutté pour mettre fin à la ségrégation raciale et instaurer l'égalité des droits pour tous. Les leaders du mouvement, tels que Martin Luther King Jr., ont utilisé la désobéissance civile et la protestation non violente pour exposer les injustices systémiques. Les médias traditionnels ont capturé ces moments - des enfants noirs escortés dans des écoles autrefois réservées aux blancs, des manifestants pacifiques attaqués par des chiens de police - et les ont diffusés dans les foyers à travers le pays et le monde. Ces images ont révélé la profondeur de la souffrance et ont suscité une empathie collective, conduisant à un changement législatif et social profond.

L'avènement des médias sociaux : la démocratisation de la voix

Avec l'émergence des médias sociaux au début du 21ème siècle, chaque individu a acquis la capacité de partager son histoire avec le monde. Des plateformes comme Twitter, Facebook et Instagram sont devenues des champs de bataille pour les droits de l'homme, les mouvements sociaux et la justice. Des hashtags comme #BlackLivesMatter ou #MeToo ont permis de mettre en lumière des problématiques longtemps ignorées ou minimisées. La vitesse à laquelle ces histoires se propagent, la solidarité qu'elles génèrent, et l'indignation collective qu'elles suscitent ont donné naissance à de nouveaux mouvements sociaux et à des changements significatifs.

La double tranchant de la reconnaissance

Si le mouvement des droits civiques et les médias sociaux ont joué un rôle essentiel dans la reconnaissance des voix réprimées, cette visibilité accrue comporte également des risques. La viralité peut parfois mener à une simplification excessive des problèmes ou à une "culture de l'outrage" où l'indignation devient la norme, noyant des voix plus nuancées. De plus, la sacralisation des victimes peut parfois empêcher une critique constructive et nécessaire. L'impact combiné du mouvement des droits civiques et des médias sociaux a irrévocablement changé la manière dont la société reconnaît et réagit aux voix réprimées. Ces plateformes et mouvements ont donné aux marginalisés le pouvoir de définir leurs récits et de revendiquer leurs droits. Cependant, dans cette ère de reconnaissance, il est impératif de naviguer avec prudence, équilibrant empathie et critique, pour assurer une société juste et équilibrée.

Compensation Historique :

Le désir de réparer les

erreurs et injustices passées.

La notion de compensation historique renvoie à la reconnaissance et à la réparation des préjudices et injustices subis par des groupes de personnes au cours de l'histoire. Ce désir de "réparation" émane d'une prise de conscience collective des torts causés et d'une volonté de rectifier, autant que possible, le cours des choses. Mais d'où provient ce désir, et comment s'articule-t-il dans le contexte sociopolitique actuel ?

Reconnaissance des injustices

La première étape vers la compensation est la reconnaissance. Au fil du temps, de nombreux gouvernements et sociétés ont réalisé que certaines actions ou politiques du passé, qu'elles soient basées sur la race, la religion, le genre ou d'autres facteurs, ont causé des préjudices irréparables. Que ce soit l'esclavage, le colonialisme, les génocides ou d'autres formes d'oppression, ces faits, autrefois acceptés ou ignorés, sont maintenant largement condamnés.

L'impulsion morale

L'idée de compensation découle en grande partie d'une impulsion morale. Les sociétés contemporaines, influencées par les idéaux des droits de l'homme et de l'égalité, ressentent une responsabilité envers ceux qui ont été injustement traités dans le passé. Cela repose sur une conception éthique selon laquelle les injustices, même historiques, nécessitent une forme de redressement.

Formes de compensation

La compensation peut prendre diverses formes, allant des excuses formelles aux indemnisations financières, en passant par la restitution de biens ou de terres. Dans certains cas, cela peut également impliquer la mise en place de programmes ou de politiques visant à offrir des opportunités éducatives, économiques ou sociales aux descendants des personnes lésées.

Défis et critiques

Bien que l'intention derrière la compensation historique soit noble, elle n'est pas sans controverses. Comment évaluer les préjudices subis ? Comment définir qui devrait être compensé, surtout lorsque les injustices se sont produites il y a plusieurs générations ? De plus, certaines personnes soutiennent que les compensations peuvent perpétuer des divisions ou des ressentiments au lieu de favoriser la guérison ou la réconciliation.

Le désir de compenser les erreurs et injustices passées reflète une évolution de la conscience collective et un engagement envers des principes d'équité et de justice. Bien qu'il s'agisse d'un chemin parsemé d'embûches et de questions difficiles, la quête de compensation est un témoignage de la capacité de la société à s'auto-évaluer et à chercher la rédemption pour les péchés du passé.

La Psychologie de l'Empathie : Comprendre nos instincts naturels à soutenir et protéger.

L'empathie, ce sentiment qui nous pousse à ressentir les émotions des autres comme si elles étaient les nôtres, est une caractéristique fondamentale de l'expérience humaine. Elle influence nos interactions, guide nos comportements sociaux et, dans de nombreux cas, façonne notre moralité. Pour mieux comprendre ce puissant moteur de l'action humaine, plongeons-nous dans la psychologie de l'empathie.

Origines biologiques de l'empathie

Des recherches en neurosciences ont montré que l'empathie a des racines profondément ancrées dans notre cerveau. Les neurones miroirs, découverts initialement chez les primates, semblent jouer un rôle clé. Lorsque nous observons quelqu'un d'autre ressentir une émotion ou effectuer une action, ces neurones s'activent comme s'il s'agissait de notre propre expérience, créant ainsi un pont entre soi et l'autre.

Empathie : une question de survie :

Du point de vue de l'évolution, l'empathie pourrait avoir conféré un avantage en renforçant la cohésion sociale. Dans les sociétés primitives, où la survie dépendait de la coopération et de la cohésion du groupe, ceux qui pouvaient percevoir et répondre aux besoins et émotions des autres avaient probablement de meilleures chances de survie et de reproduction.

Empathie et développement

L'empathie n'est pas seulement innée ; elle se développe également à travers nos expériences. Les enfants, dès leur plus jeune âge, montrent des signes d'empathie, comme pleurer lorsqu'un autre enfant pleure. Au fil du temps, et avec la socialisation, ils apprennent à mieux comprendre et à répondre de manière appropriée aux émotions des autres.

Empathie et moralité

Notre capacité à ressentir l'empathie influence notre sens moral. De nombreuses théories éthiques s'appuient sur l'empathie comme fondement du comportement moral, suggérant que notre capacité à nous mettre à la place d'autrui nous guide vers des actions justes et éthiques.

Limites et dangers de l'empathie

L'empathie, bien que largement bénéfique, a ses limites. Elle peut nous rendre vulnérables à la manipulation ou à l'épuisement émotionnel. De plus, une empathie excessive peut parfois brouiller notre jugement, nous conduisant à privilégier l'individuel sur le collectif.

L'empathie est un élément essentiel de la psychologie humaine, façonnée par l'évolution, la biologie et nos expériences de vie. En comprenant nos instincts naturels à soutenir et protéger, nous pouvons mieux naviguer dans nos relations et construire des sociétés plus compatissantes et cohésives.

Partie II : Les Implications de l'Héroïsation des Victimes

Lorsque l'on parle de héros, l'image qui vient souvent à l'esprit est celle d'individus accomplissant des exploits extraordinaires, défendant des causes justes ou surmontant des adversités insurmontables. Historiquement, les héros étaient vénérés pour leurs prouesses, leur courage et leurs contributions notables à la société. Cependant, dans le paysage socioculturel actuel, une nouvelle forme d'héroïsme émerge : l'héroïsation des victimes.

Dans une ère marquée par la sacralisation de la souffrance, les victimes d'injustices, de traumatismes ou de malheurs sont de plus en plus souvent placées sur un piédestal. Elles incarnent la résilience face à l'adversité, la bravoure dans la vulnérabilité. Mais au-delà de la simple reconnaissance de leur souffrance, cette héroïsation a des implications profondes, aussi bien positives que négatives, pour les individus concernés et pour la société dans son ensemble.

Dans cette partie, nous explorerons les ramifications de cette tendance croissante. Comment est-ce que l'héroïsation des victimes influence-t-elle notre perception de la justice, de la vérité et de la moralité? Quels sont les bénéfices et les dangers potentiels de cette glorification? Et, peut-être le plus crucial, comment pouvons-nous naviguer dans cet équilibre délicat entre empathie et idéalisation, entre soutien et sanctification?

Héros vs. Victimes : Définir et distinguer deux concepts distincts.

À travers l'histoire et la culture, les figures du héros et de la victime ont occupé des espaces fondamentalement différents dans la narration collective. Bien que ces deux archétypes aient des zones de chevauchement, particulièrement dans le monde contemporain, ils possèdent des caractéristiques distinctes qui méritent d'être explorées et définies.

1. Le Héros :

Définition : Historiquement, un héros est une personne qui, face à l'adversité ou provenant d'une position de faiblesse, fait preuve de courage, de force et sacrifie ses propres intérêts pour le bien commun. Il peut s'agir de figures mythologiques, de combattants sur un champ de bataille, ou même de simples individus faisant preuve d'un acte de bravoure extraordinaire.

Traits caractéristiques : Les héros sont souvent caractérisés par leur bravoure, leur résilience, leur détermination et leur capacité à surmonter des défis considérables.

Rôle sociétal : Les héros servent de modèles. Ils inspirent, motivent et rappellent aux membres de la société ce qu'il est possible d'atteindre ou de devenir.

2. La Victime :

Définition : Une victime est une personne qui a subi un préjudice, qu'il soit physique, émotionnel ou psychologique, généralement causé par des événements ou des actions extérieurs à sa volonté.

Traits caractéristiques : Les victimes sont souvent perçues comme ayant été rendues impuissantes ou vulnérables par des circonstances indépendantes de leur volonté. Leur expérience est généralement associée à la souffrance, à l'injustice et à la privation.

Rôle sociétal : Historiquement, la victime a été perçue comme nécessitant protection, soutien ou réparation. Dans le contexte moderne, reconnaître quelqu'un en tant que victime peut aussi signifier reconnaître une injustice et travailler à la rectifier.

Zones de chevauchement :

Dans le paysage actuel, ces deux rôles peuvent parfois se mélanger. Les victimes qui surmontent leurs épreuves ou qui utilisent leurs expériences pour sensibiliser ou provoquer des changements positifs peuvent être vues comme des héros. Par exemple, une personne ayant survécu à une maladie grave et utilisant son expérience pour soutenir d'autres patients peut être considérée à la fois comme une victime (de la maladie) et un héros (pour son courage et son dévouement).

Bien que les notions de héros et de victime soient distinctes, elles ne sont pas mutuellement exclusives. Dans une société qui valorise de plus en plus l'authenticité et la résilience, les lignes entre ces deux concepts peuvent souvent être floues. Toutefois, il est essentiel de reconnaître et d'honorer la singularité de chaque expérience sans tomber dans le piège de la simplification excessive ou de la généralisation.

La Prison de la Victimité : Comment le statut de victime peut devenir une identité permanente.

La reconnaissance de la souffrance et de l'injustice est essentielle dans toute société éprise de justice et d'équité. Cependant, lorsque cette reconnaissance s'accompagne d'une fixation prolongée sur le statut de victime, elle peut parfois engendrer des conséquences inattendues, transformant une étiquette temporaire en une identité durable.

Vivre une expérience traumatisante ou être sujet à une injustice est sans aucun doute bouleversant et peut laisser des cicatrices durables, tant physiques qu'émotionnelles. La société, dans sa quête de solidarité et d'empathie, tend naturellement à apporter son soutien à ceux qui ont été lésés. Cependant, quand ce soutien s'accompagne d'une attention constante et d'un renforcement de l'identité de victime, cela peut avoir un effet paradoxal.

Au lieu d'encourager la guérison et la résilience, la permanence de l'identité de victime peut mener à une dépendance vis-à-vis de ce rôle. Les individus peuvent commencer à percevoir le monde exclusivement à travers le prisme de leur victimisation, limitant ainsi leur capacité à évoluer au-delà de leur trauma ou de leur expérience négative. Cette fixation sur la souffrance peut également inhiber leur capacité à reconnaître et à saisir les opportunités, à interagir de manière ouverte avec le monde, ou à adopter une perspective plus nuancée et holistique de leur propre vie.

De plus, la définition de soi principalement en termes de victimisation peut mener à un cycle perpétuel d'attentes négatives et de perceptions biaisées. Cela peut rendre les individus plus susceptibles de percevoir des affronts ou des injustices, même lorsqu'ils n'existent pas, renforçant ainsi leur propre narratif de victimisation.

Il est également important de reconnaître que la société elle-même joue un rôle dans la perpétuation de cette prison de la victimisation. Les médias, les discours publics et même certaines initiatives bien intentionnées peuvent, sans le vouloir, enfermer les individus dans ce rôle en magnifiant constamment leur statut de victime.

En conclusion, si la reconnaissance de la souffrance est vitale, il est tout aussi crucial d'équilibrer cette reconnaissance avec des encouragements à la guérison, à la croissance et à la résilience. Une identité complexe, riche et multidimensionnelle est le droit de chaque individu, et il est essentiel de veiller à ce que le statut de victime ne devienne pas une chaîne qui entrave la réalisation du plein potentiel de chacun.

Dilution de l'Héroïsme : Les conséquences de confondre souffrance et bravoure.

L'héroïsme est un concept qui, historiquement, a été associé à des actes de bravoure, à des gestes altruistes et à des sacrifices pour le bien commun. C'est un titre réservé à ceux qui dépassent les attentes, qui surmontent des défis insurmontables ou qui mettent leur propre bien-être en jeu pour aider autrui. Cependant, dans notre société contemporaine, la définition de l'héroïsme s'est élargie et s'est souvent confondue avec le simple fait d'endurer une souffrance ou un traumatisme.

Quand la souffrance seule devient un critère d'héroïsme, cela peut conduire à la dilution de la valeur et de la signification de ce concept. Non pas que la souffrance ne mérite pas de reconnaissance ou d'empathie – elle le mérite absolument. Mais en confondant systématiquement souffrance et bravoure, nous risquons de minimiser les actes réellement héroïques qui exigent une initiative, un courage et une action déterminée.

Cette confusion peut également créer une hiérarchie de la souffrance, où certaines formes de douleur ou de traumatisme sont considérées comme plus "héroïques" que d'autres. Cela peut engendrer des comparaisons inutiles et potentiellement nuisibles entre les individus, minimisant ou invalidant les expériences de ceux qui ne correspondent pas à la narrative dominante de ce que signifie être un "héros".

De plus, en élevant systématiquement les victimes au statut de héros sur la seule base de leur souffrance, nous risquons d'institutionnaliser la mentalité de victime. Cela pourrait encourager certaines personnes à s'identifier de manière permanente à leurs traumatismes ou à leurs douleurs, potentiellement les empêchant de poursuivre la guérison ou la croissance.

Il est crucial de reconnaître et de valoriser la résilience et la force de ceux qui ont souffert. Cependant, il est tout aussi important de préserver l'intégrité du concept d'héroïsme, de le réserver pour ceux qui non seulement endurent, mais qui agissent, défient et transcendent, pour le bien d'autrui ou pour un idéal plus grand.

La victime sacrée

Manipulations et Fausse Victimation : Le côté sombre de la sacralisation des victimes.

Dans une société où la reconnaissance des victimes est devenue primordiale, s'est également développé un phénomène préoccupant : celui de la fausse victimisation. Alors que la majorité des individus se présentant comme victimes sont sincères dans leurs témoignages, il existe malheureusement une minorité qui exploite la compassion collective pour diverses raisons, souvent égoïstes. Ce comportement découle en partie de la sacralisation des victimes, où la simple identification comme tel peut octroyer une attention, un soutien ou des avantages divers.

La fausse victimisation prend plusieurs visages. Elle peut surgir dans des débats publics, où certains, voulant gagner la sympathie ou orienter l'opinion à leur avantage, brandissent une fausse bannière de victimisation. Elle peut également apparaître dans des contextes plus personnels, où des individus cherchent à manipuler ceux qui les entourent pour obtenir de la compassion, du soutien ou même des avantages matériels.

Ce phénomène n'est pas sans conséquences. Chaque instance de fausse victimisation mine la crédibilité des véritables victimes. Elle crée un scepticisme qui peut, à long terme, rendre la société moins encline à croire ou à soutenir ceux qui ont réellement subi un préjudice. De plus, elle détourne l'attention et les ressources des vraies victimes, qui peuvent en avoir désespérément besoin.

La manipulation par la fausse victimisation peut également engendrer des conséquences juridiques ou sociétales graves. Des accusations mensongères peuvent ruiner des vies, détruire des réputations et fausser le processus judiciaire. De plus, en propageant un narratif de victimisation, les faux témoignages peuvent polariser davantage les débats, rendre la recherche de vérité plus ardue et semer la discorde au sein des communautés.

Il est donc crucial pour la société d'aborder ce sujet avec une grande prudence et une conscience aiguë des nuances. Tout en continuant de soutenir les victimes authentiques et de lutter contre les injustices, il est essentiel de cultiver un esprit critique, d'encourager des investigations approfondies et de promouvoir la vérité. Dans un monde où la sincérité de la souffrance devrait être une évidence, il est tragique mais nécessaire de rester vigilant face à ceux qui pourraient la simuler à des fins malhonnêtes.

Le Manichéisme Sociétal :
La tendance à diviser le
monde en bons et méchants.

La complexité et la nuance sont souvent les premières victimes dans une société profondément polarisée. Au cœur de cette polarisation réside une perspective manichéenne, une vision du monde qui divise l'humanité en deux camps distincts : les "bons" et les "méchants". Ce prisme simpliste, bien que séduisant par sa clarté, est un terreau fertile pour les malentendus, les conflits et l'incompréhension.

L'histoire regorge d'exemples où le manichéisme a guidé la perception et la politique. Que ce soit pendant les guerres religieuses, la guerre froide ou dans le cadre de conflits contemporains, cette tendance à voir le monde en termes de noir et blanc s'est avérée être une constante humaine. Cependant, la rapidité et l'ubiquité des médias sociaux ont amplifié ce phénomène, faisant des nuances une denrée de plus en plus rare.

Ce qui rend le manichéisme particulièrement préoccupant, c'est sa capacité à déshumaniser. Lorsque les individus ou les groupes sont perçus uniquement à travers le prisme du bien ou du mal, leur complexité intrinsèque est ignorée. Leurs motivations, leurs peurs, leurs espoirs et leurs rêves sont relégués au second plan, remplacés par des stéréotypes et des préjugés. Dans ce contexte, la compréhension mutuelle et le dialogue deviennent presque impossibles, car chaque camp est convaincu de la justesse absolue de sa cause et de la malignité de l'opposition.

En outre, le manichéisme alimente une culture du blâme. Au lieu de chercher des solutions collaboratives, la société se retrouve piégée dans des cycles de reproche et de récrimination. La responsabilité est constamment externalisée, chaque camp accusant l'autre de tous les maux. Dans ce climat, les erreurs ne sont jamais admises, et l'apprentissage devient difficile, sinon impossible.

Face à ces défis, il est impératif de cultiver la nuance, la curiosité et l'ouverture d'esprit. Il est vital de reconnaître que la réalité est souvent bien plus complexe que les dichotomies simplistes du bien et du mal. Chaque individu, chaque culture, chaque nation possède sa propre histoire, ses propres défis et ses propres aspirations. En embrassant cette complexité, la société peut espérer sortir des pièges du manichéisme et avancer vers une compréhension plus profonde et plus authentique de la condition humaine.

Partie III : Naviguer entre Compassion et Critique Constructive

Dans une époque tumultueuse marquée par des changements sociaux rapides, des défis mondiaux et une polarisation croissante, la capacité de la société à aborder les questions avec à la fois compassion et critique constructive est plus cruciale que jamais. Si, d'un côté, l'empathie et la solidarité sont essentielles pour créer un tissu social solide et résilient, de l'autre, un esprit critique sain est nécessaire pour éviter les pièges du dogmatisme, du manichéisme et de la manipulation.

Naviguer habilement entre ces deux pôles peut sembler une tâche ardue. La compassion, souvent émotionnelle et viscérale, peut sembler en contradiction avec la nature plus rationnelle et détachée de la critique. Pourtant, ces deux forces ne sont pas mutuellement exclusives. Bien au contraire, elles peuvent et doivent coexister pour permettre à une société de prospérer, d'apprendre et de s'adapter.

Dans cette partie, nous explorerons la délicate alchimie entre la compassion et la critique constructive. Nous examinerons comment les individus et les collectivités peuvent équilibrer leur désir naturel de soutenir et de protéger avec la nécessité impérative de questionner, d'analyser et, le cas échéant, de remettre en question. En fin de compte, notre objectif est de tracer une voie qui respecte à la fois le cœur et l'esprit, reconnaissant que c'est dans cet équilibre que réside le véritable potentiel d'une société éclairée et progressiste.

L'Importance de la Nuance : Pourquoi une approche équilibrée est essentielle.

Dans le tumulte des débats sociaux, politiques et culturels contemporains, la nuance est souvent la première victime. Emportés par des vagues d'émotion, de passion et parfois de dogmatisme, nous sommes tentés de simplifier les problèmes, de les réduire à des dichotomies faciles, privant ainsi les discussions de leur richesse et de leur complexité. Pourtant, c'est précisément cette nuance qui est le fondement d'une compréhension authentique et d'un progrès réel.

Une approche équilibrée nous rappelle que rares sont les situations qui peuvent être entièrement catégorisées en termes de noir et blanc. Les questions les plus pressantes de notre époque, qu'il s'agisse de changements climatiques, d'inégalités sociales, de droits de l'homme ou de technologie, sont profondément complexes. Elles nécessitent une appréciation des nuances, des détails et des différentes perspectives pour être pleinement comprises.

Ignorer ces subtilités peut avoir des conséquences graves. Cela peut conduire à des solutions mal adaptées, à des malentendus et à des conflits inutiles. De plus, une vision du monde trop simplifiée risque de nous rendre imperméables à l'apprentissage et à l'adaptation, car elle ne laisse pas de place à la remise en question, à la curiosité ou à la découverte.

Embrasser la nuance, en revanche, permet d'enrichir le débat public. Elle favorise l'empathie, car elle nous oblige à reconnaître la validité des perspectives autres que la nôtre. Elle encourage également l'innovation, car en explorant les différentes facettes d'un problème, nous sommes plus susceptibles de découvrir des solutions originales et efficaces.

En fin de compte, une approche équilibrée et nuancée est essentielle non seulement pour notre compréhension collective des défis auxquels nous sommes confrontés, mais aussi pour notre capacité à y répondre de manière judicieuse. En valorisant la nuance, nous nous donnons les moyens d'avancer avec discernement, sagesse et inclusivité, traits indispensables pour une société qui aspire à un avenir éclairé et harmonieux.

Des Médias Responsables : Le rôle des médias dans la représentation des victimes.

Les médias, sous leurs différentes formes, ont toujours joué un rôle crucial dans la formation de l'opinion publique et la construction des réalités sociales. Dans le contexte de la représentation des victimes, leur responsabilité est d'autant plus importante. Ils façonnent, souvent de manière inconsciente, notre perception des événements, des individus impliqués et des contextes plus larges.

Tout d'abord, la manière dont les médias choisissent de représenter les victimes a des implications profondes. Une couverture médiatique sensée et empathique peut attirer l'attention sur des injustices, sensibiliser le public à des problématiques souvent ignorées et donner une voix à ceux qui sont marginalisés. Cependant, une couverture sensationnaliste ou biaisée peut déformer la réalité, perpétuer des stéréotypes nuisibles et même revictimiser les personnes déjà en souffrance.

La question de la responsabilité des médias s'étend également à la vérification des faits. Dans un monde saturé d'informations et où les fausses nouvelles peuvent se propager comme une traînée de poudre, il est impératif que les médias maintiennent des standards élevés d'exactitude et d'intégrité. Présenter des récits non vérifiés ou mal informés peut non seulement induire le public en erreur, mais également causer des torts irréparables à des individus ou des communautés.

De plus, les médias doivent naviguer avec précaution entre le respect de la vie privée des victimes et le droit du public à l'information. Trop souvent, dans la course aux scoops ou sous la pression de la concurrence, les limites sont franchies, mettant en péril la dignité et le bien-être des personnes concernées.

Face à ces enjeux, il est crucial que les médias adoptent une approche réfléchie, équilibrée et éthique lorsqu'ils traitent de sujets impliquant des victimes. Cela nécessite une formation continue, une auto-réflexion et, parfois, une remise en question des pratiques établies. Les codes déontologiques et les normes éditoriales doivent être régulièrement révisés et adaptés à l'évolution des contextes et des sensibilités.

En conclusion, alors que les médias ont le pouvoir d'informer, d'éduquer et de sensibiliser, ils portent également une lourde responsabilité. En abordant la question des victimes avec intégrité, empathie et précision, ils peuvent contribuer de manière significative à une société plus juste, éclairée et compassionnelle.

Éducation et Sensibilisation : Cultiver une société consciente et réfléchie.

L'éducation est l'un des piliers les plus puissants sur lesquels une société peut se construire. Elle façonne les esprits, guide les comportements et détermine, en grande partie, la trajectoire future d'une communauté ou d'une nation. Dans un monde en constante évolution, marqué par des complexités croissantes et des défis sans précédent, l'importance de l'éducation et de la sensibilisation ne peut être sous-estimée.

L'éducation ne concerne pas seulement l'acquisition de connaissances académiques; elle englobe également la formation de caractère, l'inculcation de valeurs et le développement d'une pensée critique. Une éducation bien conçue peut équiper les individus avec les outils nécessaires pour décrypter le monde qui les entoure, pour poser des questions pertinentes et pour envisager des solutions innovantes.

La sensibilisation, quant à elle, est le processus par lequel les individus deviennent conscients des enjeux, des réalités et des défis qui peuvent, autrement, demeurer invisibles ou incompris. Elle joue un rôle crucial dans la mise en lumière des injustices, la stimulation de l'empathie et la mobilisation collective autour de causes importantes.

Dans le contexte de la représentation des victimes, par exemple, l'éducation et la sensibilisation sont essentielles. En informant les jeunes générations des histoires, des contextes et des défis auxquels sont confrontées différentes communautés ou individus, on peut encourager une plus grande empathie, une meilleure compréhension et un engagement plus profond envers la justice et l'équité. De plus, en cultivant une pensée critique, les individus sont mieux préparés à déceler les biais, à contester les stéréotypes et à s'engager dans des débats constructifs.

Cependant, pour que l'éducation et la sensibilisation soient efficaces, elles doivent être constamment renouvelées et adaptées. À mesure que de nouveaux défis émergent et que les sociétés évoluent, les programmes éducatifs et les initiatives de sensibilisation doivent refléter ces changements, garantissant ainsi leur pertinence et leur impact.

En définitive, une société consciente et réfléchie est une société qui reconnaît la valeur intrinsèque de chaque individu, qui se bat contre l'injustice et qui s'efforce constamment de mieux comprendre et d'améliorer le monde qui l'entoure. En investissant dans l'éducation et la sensibilisation, nous posons les bases d'un avenir plus lumineux, plus inclusif et plus harmonieux.

Des Histoires Complexes : Accepter et comprendre les histoires individuelles dans toute leur complexité.

Chaque individu est une somme de multiples expériences, influences, rêves, épreuves et aspirations. Pourtant, dans le tourbillon de notre monde moderne, ces histoires individuelles, riches et nuancées, sont souvent simplifiées à des récits réducteurs, voire des stéréotypes. Ces simplifications, bien que parfois pratiques pour la narration médiatique ou la catégorisation sociale, font souvent injustement abstraction de la complexité réelle de la vie humaine.

Accepter et comprendre les histoires individuelles dans toute leur complexité n'est pas seulement une question d'humanité, c'est aussi un impératif pour une société qui vise à être inclusive, équitable et empathique. En reconnaissant la profondeur et la diversité des expériences humaines, nous offrons une dignité essentielle et facilitons la compréhension mutuelle.

Il est facile de tomber dans le piège des généralisations, particulièrement à une époque où les informations sont rapidement consommées et partagées. Cependant, derrière chaque statistique, chaque titre accrocheur et chaque tendance générale, il y a des personnes avec des histoires uniques. Certaines de ces histoires peuvent être édifiantes, d'autres tragiques, certaines inspirantes, d'autres déroutantes. Mais toutes méritent d'être entendues et comprises.

Cette reconnaissance est particulièrement pertinente dans le contexte de la représentation des victimes. Trop souvent, les victimes sont dépeintes selon un modèle monolithique, occultant ainsi les différentes facettes de leur identité, les circonstances uniques de leur situation ou même les nuances de leur vécu. En se focalisant sur une seule dimension de leur histoire, on risque non seulement de les déshumaniser, mais aussi de ne pas saisir l'ampleur et la spécificité de leur expérience.

C'est pourquoi il est essentiel de cultiver une approche qui valorise la complexité. Que ce soit dans les médias, les écoles, ou les discussions publiques, les efforts doivent être faits pour s'assurer que les récits individuels ne sont pas éclipsés par des généralités. Des espaces doivent être créés pour permettre à ces histoires de se dévoiler, de se nuancer, et finalement, d'être comprises dans toute leur richesse.

Dans une société de plus en plus polarisée, où les divisions semblent s'accentuer, une telle approche est une bouée de sauvetage. En embrassant la complexité des histoires individuelles, nous tissons des liens de compréhension, construisons des ponts d'empathie et renforçons le tissu social qui unit l'humanité dans sa splendide diversité.

La Justice Restauratrice : Se concentrer sur la guérison plutôt que sur la simple reconnaissance.

La notion de justice est intrinsèque à la structure même de nos sociétés. Elle sert de fondement à nos systèmes légaux, à nos valeurs morales et à nos aspirations collectives. Traditionnellement, la justice est souvent perçue comme un mécanisme de punition ou de rétribution. Toutefois, il existe une autre perspective, moins punitive mais plus réparatrice, qui gagne du terrain et redéfinit la manière dont nous envisageons la justice : la justice restauratrice.

La justice restauratrice se distingue par son approche centrée sur la guérison et la restauration. Plutôt que de se concentrer uniquement sur la punition du coupable, elle vise à réparer les dommages causés, à restaurer les relations brisées et à promouvoir une guérison holistique pour toutes les parties impliquées. Elle reconnaît que derrière chaque acte répréhensible se trouvent des histoires, des émotions et des dynamiques complexes qui nécessitent une attention et une compréhension profondes.

Dans le contexte de la sacralisation des victimes, la justice restauratrice offre une voie alternative. Au lieu de se limiter à la reconnaissance de la souffrance ou du tort subi, elle se penche sur les moyens concrets de favoriser la guérison et la réconciliation. Cela peut se traduire par des discussions entre la victime et l'auteur, des médiations communautaires ou des programmes de réparation.

Cette approche ne minimise en rien la gravité de l'acte commis ou la souffrance de la victime. Au contraire, elle cherche à offrir un espace où cette souffrance peut être exprimée, comprise et finalement apaisée. Elle reconnaît que l'isolement ou la stigmatisation de l'auteur peut ne pas toujours être bénéfique à long terme et qu'il existe des voies alternatives qui peuvent conduire à une véritable rédemption et à une transformation positive.

Cependant, la mise en œuvre de la justice restauratrice nécessite une profonde remise en question de nos systèmes et de nos mentalités traditionnels. Elle demande une volonté collective d'aller au-delà des impulsions punitives et de chercher des solutions qui favorisent véritablement la guérison, la compréhension et la paix.

En fin de compte, la justice restauratrice nous rappelle que la justice, dans son essence la plus pure, ne devrait pas seulement chercher à punir, mais aussi à guérir, à restaurer et à réunir. Dans un monde où les divisions et les blessures semblent s'accentuer, cette approche offre une lueur d'espoir et un modèle pour construire des communautés plus résilientes, empathiques et unies.

Éviter la Politisation des Victimes : La nécessité de garder les histoires de victimes hors de l'arène politique.

Dans le monde moderne, où chaque événement, chaque histoire et chaque injustice peut être immédiatement amplifié par les médias et les réseaux sociaux, il existe un risque croissant que des individus ou des groupes soient instrumentalisés à des fins politiques. Les victimes, souvent au cœur de débats houleux et passionnés, ne sont pas à l'abri de cette dynamique. La politisation des victimes, c'est-à-dire l'utilisation de leur histoire ou de leur souffrance à des fins politiques, peut dénaturer leur vécu, polariser davantage la société et finalement, nuire à la cause qu'elles incarnent.

Premièrement, l'instrumentalisation des victimes pour des agendas politiques spécifiques peut conduire à une simplification excessive de leurs histoires. Dans le besoin d'adapter un récit à une cause ou à une campagne, les nuances, les complexités et les spécificités individuelles peuvent être omises. Ce processus peut non seulement fausser la perception du public, mais aussi aliéner les victimes elles-mêmes, qui peuvent se sentir incomprises ou manipulées.

De plus, lorsque les histoires de victimes sont capturées et amplifiées dans l'arène politique, elles deviennent souvent des pions dans des jeux de pouvoir, réduisant ainsi leur humanité et leur expérience à de simples outils rhétoriques. Dans de tels contextes, le véritable enjeu – la justice, la guérison ou le changement – peut être éclipsé par des batailles partisanes.

La politisation des victimes peut également polariser la société. Plutôt que d'encourager un dialogue constructif ou une empathie collective, elle peut creuser des divisions, alimentant un climat d'hostilité et de méfiance. Dans de tels scénarios, au lieu de rapprocher les gens autour d'une cause commune, les histoires de victimes peuvent involontairement les éloigner.

Il est donc essentiel de traiter les récits de victimes avec respect, intégrité et sensibilité. Garder ces histoires hors de l'arène politique ne signifie pas qu'elles ne doivent pas influencer les politiques ou les réformes nécessaires. Au contraire, cela signifie simplement que leur utilisation ne devrait jamais être opportuniste ou réductrice. Leurs voix méritent d'être entendues pour ce qu'elles sont : des témoignages authentiques de souffrance, de résilience et d'humanité.

Dans une époque où la vérité est parfois élastique et où la manipulation est monnaie courante, il est d'autant plus important d'ancrer nos débats publics dans une éthique de respect et d'authenticité. En évitant la politisation des victimes, nous honorons leur vécu et nous renforçons la qualité et l'intégrité du discours public.

La Voie vers la Résilience : Encourager les victimes à trouver leur force intérieure.

La résilience est cette capacité mystérieuse et pourtant essentielle de l'âme humaine à surmonter l'adversité, à se relever après une chute, à trouver la lumière même dans les moments les plus sombres. Pour ceux qui ont été victimes, que ce soit d'injustices, de traumas, ou d'actes de violence, la route vers la résilience peut sembler ardue, voire insurmontable. Pourtant, c'est précisément dans ces profondes vallées de souffrance que de nombreuses personnes découvrent une force intérieure insoupçonnée.

Encourager les victimes à trouver et à nourrir cette force n'est pas une tâche simple. Cela nécessite une compréhension profonde, une empathie sincère et un accompagnement constant. Voici quelques étapes clés sur cette voie vers la résilience:

1. Reconnaissance et Validation: La première étape vers la guérison est souvent la reconnaissance. Les victimes doivent se sentir entendues, comprises et validées dans leurs sentiments et leurs expériences. Un simple acte d'écoute active peut être incroyablement thérapeutique.

2. Sécurité et Stabilité: Avant de pouvoir guérir, il est essentiel que les victimes se sentent en sécurité, à la fois physiquement et émotionnellement. Cela peut nécessiter des interventions professionnelles, des réseaux de soutien ou des changements d'environnement.

3. Expression et Catharsis: Trouver des moyens d'exprimer la douleur, que ce soit par le biais de l'art, de la parole, de la musique ou d'autres formes de créativité, peut aider les victimes à traiter et à libérer leurs émotions retenues.

4. Réaffirmation de l'Identité: Il est crucial que les victimes ne se définissent pas uniquement par leur trauma. Des activités qui renforcent l'estime de soi, la confiance et l'identité personnelle peuvent aider à redécouvrir qui elles sont en dehors de leur expérience traumatisante.

5. Connexion Communautaire: Être entouré d'un réseau de soutien - qu'il s'agisse de groupes de soutien, d'amis, de famille ou de mentors - peut fournir un filet de sécurité émotionnelle et renforcer le sentiment d'appartenance.

6. Vision d'Avenir: Focaliser sur des objectifs futurs, des rêves et des aspirations peut aider à rediriger l'attention des victimes vers un avenir positif et prometteur.

7. Empowerment: Enfin, encourager les victimes à reprendre le contrôle de leur vie, à faire des choix affirmés et à se sentir maîtres de leur destin peut transformer leur sentiment d'impuissance en une puissance restaurée.

Encourager la résilience ne signifie pas minimiser la souffrance ni ignorer la gravité du trauma. Au contraire, cela reconnaît que même au cœur de la douleur la plus profonde, il existe un potentiel de guérison, de croissance et de renaissance. En soutenant les victimes sur cette voie, nous célébrons la formidable capacité de l'humain à transcender ses épreuves et à trouver, même dans les cicatrices, des signes d'une force intérieure magnifique.

Critiquer sans Blâmer : La distinction entre remettre en question un récit et blâmer la victime.

Dans la société contemporaine, où les discours sont souvent polarisés et où les enjeux sont hautement sensibles, il est vital de naviguer avec prudence et discernement. Un domaine particulièrement délicat est la capacité de critiquer ou de remettre en question un récit sans tomber dans le piège du blâme de la victime. Cela exige une compréhension nuancée de la distinction entre ces deux actions et une intention claire d'approcher la situation avec empathie et respect.

Critiquer un récit, c'est évaluer ou analyser une histoire ou une affirmation pour en comprendre la validité, la cohérence ou l'authenticité. C'est un exercice intellectuel qui cherche à distinguer la vérité de la fiction, ou à comprendre les motivations et les circonstances entourant un événement particulier. Dans certains cas, cela peut impliquer de poser des questions difficiles, de rechercher des preuves ou de s'interroger sur des incohérences apparentes. C'est un processus qui, lorsqu'il est mené avec intégrité, vise à éclairer, à comprendre et à informer.

D'un autre côté, blâmer la victime est un acte de jugement qui attribue la faute ou la responsabilité de l'événement traumatisant à la victime elle-même. Cela va au-delà de la simple remise en question d'un récit, car cela implique une condamnation morale, souvent basée sur des préjugés, des stéréotypes ou une méconnaissance des faits. Blâmer la victime peut avoir des conséquences dévastatrices, car cela minimise ou délégitime leur expérience, les retraumatise et perpétue des cycles de honte et de silence.

Il est donc crucial de naviguer avec soin entre ces deux pôles. Cela implique d'écouter activement, de poser des questions avec sensibilité et de s'abstenir de tirer des conclusions hâtives. Cela nécessite également une prise de conscience de nos propres préjugés et une volonté d'approcher chaque situation avec une mentalité ouverte et empathique.

Dans une époque de fausses nouvelles, de profondes divisions et de défis sociétaux, il est d'autant plus important de chercher la vérité avec soin, tout en évitant de causer davantage de tort à ceux qui ont déjà été blessés. En faisant preuve de discernement et de compassion, nous pouvons espérer construire une société plus juste et plus compréhensive, où chaque voix est entendue et chaque expérience est respectée.

L'Art de l'Écoute Active : Donner de la place pour des voix diverses et variées.

Dans une époque saturée de bruit, d'opinions tranchées et d'informations en continu, l'art de l'écoute active est devenu une compétence essentielle, voire vitale. Il s'agit non seulement de percevoir les mots prononcés, mais aussi de comprendre l'intention, le contexte et l'émotion qui les sous-tendent. L'écoute active est la clé pour donner de la place à des voix diverses et variées, permettant ainsi une compréhension approfondie et un échange authentique.

L'écoute active ne consiste pas simplement à entendre; elle exige une présence totale, un engagement conscient et une réponse empathique. C'est une posture qui implique de mettre de côté ses propres préjugés, opinions et distractions pour se plonger pleinement dans l'expérience de l'autre. Cela nécessite de poser des questions pertinentes, de refléter ce qui a été dit et de valider les sentiments de l'autre.

Dans le contexte de nos sociétés diversifiées, où des voix de différentes origines, cultures, expériences et points de vue cherchent à être entendues, l'écoute active devient un outil puissant pour bâtir des ponts de compréhension. Elle reconnaît et valorise l'individualité, tout en soulignant notre humanité commune. Elle encourage le dialogue plutôt que le débat, la connexion plutôt que la confrontation.

Donner de la place à des voix diverses et variées enrichit notre perspective collective, élargit notre champ de compréhension et renforce le tissu social. Cependant, pour que ces voix soient véritablement entendues, elles doivent être accueillies avec respect, ouverture et bienveillance. L'écoute active, dans ce sens, n'est pas seulement une compétence, mais une responsabilité, une manière d'honorer la dignité et la valeur de chaque individu.

En cultivant l'art de l'écoute active, nous choisissons de nous engager dans un monde où chaque histoire compte, où chaque voix a sa place et où la diversité des expériences humaines est célébrée et chérie. C'est une invitation à évoluer au-delà des simples échos de nos propres opinions pour embrasser la richesse et la complexité du chorus humain dans toute sa splendeur.

Conclusion et Voie à Suivre : Résumé des enseignements clés et des étapes pour une société équilibrée.

À travers notre exploration des nuances inhérentes à la reconnaissance des victimes, à la critique constructive et à l'importance de l'écoute, nous avons découvert une myriade de défis et d'opportunités qui façonnent notre société actuelle. Chaque voix, chaque histoire, chaque expérience individuelle constitue un fil unique dans le tissu complexe de notre coexistence collective.

Les enseignements clés que nous pouvons tirer sont multiples:

1. Reconnaissance Sans Idolâtrie: Tout en validant et en honorant les expériences des victimes, il est essentiel d'éviter de les enfermer dans une identité unidimensionnelle, permettant ainsi une croissance, une guérison et une évolution.

2. Critique Avec Empathie: La capacité de remettre en question, d'analyser et de critiquer est fondamentale pour une société saine. Cependant, cela doit être fait avec sensibilité, évitant le blâme et le jugement.

3. Écoute Active Comme Fondation: La véritable écoute transcende la simple audition. Elle crée des ponts, renforce les connexions et encourage un dialogue authentique, essentiel pour une société dynamique et inclusive.

En envisageant une voie à suivre, nous devons nous engager à:

- **Éduquer et Sensibiliser:** Faire preuve de proactivité dans l'éducation des jeunes et des adultes sur les nuances des récits, la compassion et l'importance de l'écoute.

- **Promouvoir des Médias Responsables:** Encourager une représentation médiatique équilibrée, évitant la sensationalisation et favorisant la profondeur et la nuance.

- **Cultiver la Résilience:** Fournir les outils et les ressources nécessaires pour aider les individus à surmonter l'adversité, à guérir et à se transformer.

- **Engager le Dialogue Continu:** Favoriser des forums, des débats et des espaces où les gens peuvent échanger des idées, partager des expériences et apprendre les uns des autres.

Une société équilibrée ne sera pas exempte de conflits ou de désaccords. Cependant, en cultivant une culture d'empathie, de respect mutuel et d'ouverture d'esprit, nous pourrons naviguer à travers ces défis avec une vision claire et une volonté collective de progresser vers un futur harmonieux. Une société où chaque voix compte, où chaque individu est valorisé et où nous, ensemble, écrivons une histoire qui célèbre non seulement nos différences, mais aussi notre humanité partagée.

La victime sacrée